L'AUBE À BRAS OUVERTS

Les Écrits des Forges, fondés par Gatien Lapointe en 1971, bénéficient de l'appui financier du Conseil des Arts du Canada, de la Société de Développement des Entreprises Culturelles du Québec et du Programme d'Aide au Développement de l'Industrie de l'Édition du ministère du Patrimoine canadien.

Photographie de l'auteur : Pierre Trudel

Illustration de couverture : © Andrii Pokaz – Fotolia.com

Dépôt légal : troisième trimestre 2011
Bibliothèque et Archives nationales du Québec
Bibliothèque nationale du Canada
ISBN : Écrits des Forges : 978-2-89645-200-2

© 2011, Écrits des Forges
992-A, rue Royale
Trois-Rivières (Québec) G9A 4H9 Téléphone : 819 840-8492
Courrier électronique : ecritsdesforges@gmail.com
Site Internet : www.ecritsdesforges.com

En librairie :
Diffusion Prologue
1650, boul. Lionel-Bertrand
Boisbriand (Québec) J7H 1N7
Courrier électronique : prologue@prologue.ca

En Europe :
Écrits des Forges
47, avenue Mathurin Moreau
75019 Paris (France)

ALEXANDRE
TRUDEL

L'AUBE À BRAS OUVERTS

effets de chaleur

debout au milieu de l'abondance de détails
planté dans le soleil je suis au sec
je vais mettre du ciel bleu
il va falloir faire attention
tout va être offert
nu
sous une sorte d'auréole

lentement
en riant
je m'immobilise sur la route
je crée de la terre pour continuer mon chemin
    par-dessus les étoiles

viser trop haut pour la première fois de ma vie
parler divinement des choses que je ne connais pas

je ne sais pas voler
je ne suis pas végétarien
j'ai toujours besoin d'être rassuré
sous le regard trop vieux de mes souvenirs
je pourrais en dire davantage mais je ne vais pas
    rester
j'ai obtenu l'autorisation de sortir
je connais le chemin des bergers
menant aux destinées de reliefs précieux
jusqu'aux cascades supérieures des mots qui
    parlent à l'oreille
de choses de bonheur et de mains ouvertes

il y a cet excellent voyage intérieur
où les cercles décrivent des savons noirs
avec lesquels on se lave frénétiquement
pour faire disparaître la démission de la mort

la mort est un mot rayé de mon vocabulaire
je suis appelé sur tous les fronts
par tes étreintes fantômes
avec lesquelles tu manges mon cœur

je demande les vitres que je pourrai briser

te rejoindre dans le manque d'espace
jusqu'à la propreté blême de la lumière

j'ai tellement souffert au même endroit
en attirant sur moi les ombres vastes et irrégulières
    des souvenirs
toujours plus nombreux

j'ai dû regagner ma vie et ses riches dépaysements
ces radiateurs ininterrompus
arrêter d'accuser tout et rien

considérer à plein poumons
la terre sous mes pas

je ne tiens pas à aller aux magiciens
me faire donner un autre diagnostic
aux manœuvres de corps à corps
avec la misère exceptionnelle de la maladie

laissez-moi m'occuper de moi
chuchoter d'autres sortes de bonheur
que mes mains se tendent
derrière les volets mal fermés de ma fenêtre trop
    petite

je ne serai jamais zen
les grandes machinations
ont fait de moi un méchant roux à l'odeur de vernis
je vais par les boulevards et les blessures
faire la loi de la délivrance
dans un rayonnement de bouleversements

jamais zen
haut perché sur la solitude
endimanché de nervosités et de jeunesse
mes premiers pas dans la résidence de l'étoile

j'ai un prénom sérieux
il remet lentement son moteur en marche
comme un mot oublié qui refuse de mourir

je me suis tourné vers l'intérieur
pour gagner cette nouvelle impression de conscience
et descendre sur moi
la visière noire de l'introspection

les cours se terminaient à la même heure
tu allais faire semblant de fumer dehors
on échouait dans ta chambre avec l'aisance
    princière de l'amour
toute ta poitrine était de fruits
tes paumes chaudes et douces pour mon esprit
dans la croyance du bonheur
avec ses larges fleuves de pull-over

ça me fait du bien de vous voir
j'ai toujours cherché la chaleur d'un groupe d'amis
malgré la peur
malgré la distance
les peaux ridées par l'attente du néant

il faut des amis
pour que le fleuve devienne un accoudoir
à travers lequel on se sert à boire
avec joie
avec son pays
jusqu'à l'effondrement du mépris

j'ai semé la pluie où le bruit semblait normal
pour y passer la semaine sous un tablier bleu
avec les jardiniers de hautes sagesses

coucher mes paupières
au large de la lune et des nuages

rêver plus fort qu'une violente poussée de délire

la montagne sacrée a dressé le menton
toujours plus haut
pour arriver à son sommet j'ai hurlé plus fort que
    le loup
l'avalanche a coulé à mes pieds un escalier blanc
pour m'inviter à me remplir de son haut vol

ce sont les rayons dorés des choses chevaleresques
les grands dauphins pleins d'incertitude
les gros mots remuant la langue
ils me sauveront de la paresse
exorciseront par la force la fièvre de la récréation

face à la reine des morts
sur la neige de l'invitation
quand tout vient à fondre
l'eau calme le danger

je t'aime comme une arche
très blanche et avec de larges lèvres
penchée sur tes problèmes
pour te susurrer la joie timide de la victoire

je suis le grand ami aux membres amputés
j'aimerais tant vous serrer dans mes bras
petite maison rayonnante d'une profonde résonance
coûte que coûte vous garder au fond de moi

quand je vous regarde
je trouve un peu de liberté
pour préparer la terre aux racines nouvelles
dérouler la langue du langage augural

je suis couvert de plaies
de folie d'achats
d'amis lointains
le beau jour n'entend pas mon assèchement

impossible de me changer les idées
à la vue de ces murs
qui ne trouvent rien à protéger

parfois je suis le pachyderme du vide
dans la lente besogne de la vie

je veux dresser la tête
t'admirer dans tes cachotteries
tes vitres embuées de bouffées de championne

je veux t'inviter à boire le métro
dans l'aisance matérielle de la renaissance
refaire l'algèbre des anciens vers
pour que rendus à la surface
on se saisisse par bouchées

j'attends le doux arôme de tes seins
les émissaires du miel
pour me faire renaître toutes les heures

que s'achève le cycle des dialogues du vide
que s'ouvre les fenêtres gazouillantes de nouvelle
   gloire

je crève de faim au creux de ta main
pour écrire jusqu'à trois heures du matin
et gagner mille fois plus de lecteurs
sans jeter un coup d'œil au ventre pâle de l'aurore
me taire au bord des lèvres
pour que tout parle nécessairement à lentes bouffées

je ne suis pas certain de vouloir aimer à nouveau
trop de vapeurs dressées sur le néant
trop de cratères creusés à même mes paupières

je pourrais continuer seul sur ce sable dur
manger du fer
parmi la décomposition

je suis né dans le cristal entre deux allaitements
j'ai passé ma vie sur un lit au front noir
pour lire des bd
pour faire l'amour avec le plus grand soin
et dans l'eau d'un bassin
fouiller mon visage jusqu'au bord de mes cheveux
en pouffant de rire
parce que l'humour guérit tout
et finit par faire jouir les petites douceurs

j'aperçois les lumières emmitouflées derrière tes
   paupières
je veux te dire que je ne laisserai pas passer une
   occasion
je dois te connaître jusqu'à ce que l'eau monte
   davantage
du voyage nous retiendrons ce fleuve et ces trois
   marches
ces joies profondes chargées de sourires importants

sur cette terre lointaine
briser ta poitrine contre mes lèvres blanches et
   rouges

je veux rester au soleil
guide des brumes
en uniforme de corps réel
faire l'amour sur la paille
écrire sur tes reins des inventions de grandes
    enjambées

sans doute pour rire
être le maître du monde
avoir un immense appartement
et avancer dans la file qui mène à ton sourire

je retourne dans mes rêveries aux gestes inarticulés
les femmes aux odeurs de colorations
je fais partie de la confrérie secrète
au levier de la manœuvre finale

je ne parle plus mais je souris
je reçois les coups sans broncher
à mesure que les derniers mots paraissent

je me sens empoisonné
je ne peux pas me sauver
je ne peux pas parler
l'invasion du mal désarme mon réveil
je continue de dormir entassé dans mes frustrations
sans avoir vécu

dans ma chambre coulent des odeurs de pharmacie
pleuvent des forêt maudites
plus lentes et plus basses que la terre

et moi qui veux aimer
à chaque volume plus fort

assis au milieu de ma vie
je couvre mon visage de caresses
jusqu'à ce que la rouille s'empare de mes rides
quand je manque d'énergie je retourne à la source
où grandit la subite tendresse de la pleine saison

j'ai beau ne pas avoir de copine
je suis heureux et j'improvise des poèmes

je veux crever de faim tout entier
sans en garder le souvenir

je veux ressembler à l'usine du défoulement
exciter mes habitudes détestables

je veux gagner ma vie normalement
boire trois bouteilles de pluie

je veux m'exprimer à haute voix
funambule nucléaire en temps de paix

j'ai peur de tout
botté par le ciment de l'obsession
me retrouver au fond de la mer
pour repartir à zéro
les doigts plantés dans le sous-sol
écarter la terre
tous les sourires du monde
revoir les fameuses émotions de l'amour
m'étourdir comme au premier jour

je fais des rêves splendides de réalités éternelles
seul devant la vie épuisante de renouvellement
coule dans mes veines le vin de l'humour

je vais aller vers le bas
faire le bonheur de la terre
cheval mangeur de vers

exilé du monde
je vais baisser mes paupières jusqu'à mes pieds
m'enrober de sommeil
épuiser ma fainéantise

le soleil bondit dans les airs
pour me réveiller à midi
guérisseur de mille migraines
il sèche mon envie de pleurer
avec des histoires de grands ménages

je ris de bon cœur
les fenêtres se multiplient
m'emportent sur le dos du porteur
pour me perdre dans des projets de joies saines

j'aimerais retourner dans le passé
vivre ma vie comme elle est censée être vécue
au lieu de passer mon temps dans ces jungles
d'objets malades

je suis avorté partout où elle se trouve
je n'ai plus rien à me mettre sous la dent
et pourtant je grossis
et pourtant je suis mort

je ne suis pas invisible
je passe dans la vie sous l'inspiration du ventre
    creux
je suis l'héritier des illusions transitoires
assis en indien sur mon tapis bleu nuit

vogue la vie
en compagnie des fantasmes
et des leçons particulières de bonheur

plus de guérison
rien que des mots légers au piano

je suis d'un naturel distrait et sans malice
j'ai les yeux bleus
et des bras jusqu'aux pieds

je viens de la forêt des druides
jouer avec des phrases banales
aux petites étoiles des jolies choses

avant que mes yeux ne pâlissent
il va falloir me montrer sévère avec moi-même
c'est la meilleure défense
pour faire place au picotement hasardeux des
    grandes joies
faire mon deuil à petites lumières
et reculer dans ma généalogie jusqu'au titre de roi

un goût épais de fer apparaît dans ma gorge
je me rends compte que je ne suis jamais sorti de
    moi-même
malgré tout je suis meilleur élève qu'au secondaire
j'apprends à faire la paix avec mes ennemis
à dépasser mes muscles endormis
à ne plus me terrer au milieu de mes malheurs

il y a un silence qui persiste
mais il ne s'oppose plus à moi

dans mon salon
peu à peu la clarté bleue fait son travail
je suis initié à la force acquise par les mains
     pleines de terre
les conversations prennent le chemin des vieilles
     pierres
solutionner les problèmes
attendrir l'eau lustrale
frapper la solitude en son milieu

j'ai gagné ma liberté
je me suis redressé
sans pour autant me jeter à l'eau

j'ai fait des confidences
trois jours durant

j'ai affronté la page blanche
et son vide spectral

écraser les écouteurs contre mes oreilles
pour goûter le champ d'action des petits fruits

la décadence m'est venue comme si j'étais seul au
    monde
toute concentrée et vicieuse
avec ses leçons de grammaire et ses seins jappant

mais j'y suis resté fidèle
avec mes voyelles extrêmes
pour tirer la langue au murmure
coucher dans des hôtels romantiques d'autres cieux

mes mémoires de toi se battent entre elles
il faut faire très tôt le ménage
emprunter le visage d'une certaine sérénité
tout redevient alors normal
je garde le secret de ta chaleur
tes rapports à mon âme
collée à ma peau comme un long corps muet

refaire le monde
simplement avec le feu des paupières ouvertes
être fort avec des bras inutiles qui enveloppent
    l'impossible
gonflé à bloc avec trop de dents

un incendie à la mesure des métros
où tout s'engouffre
pour ressortir au beau jour de trente couverts
avec des artéfacts et une voix plus forte

Du même auteur

À travers l'œil du glacier, Écrits des Forges, 1999

Kabbale instrumentale, Écrits des Forges, 2002

Masque de taureau, Écrits des Forges, 2007

Des robes de baleines, Écrits des Forges 2007.

Résurrection, Écrits des Forges 2010.

Table

effets de chaleur　　　　　　　　　　7

sortir　　　　　　　　　　35